Simplemente Ciencia

Transporte terrestre

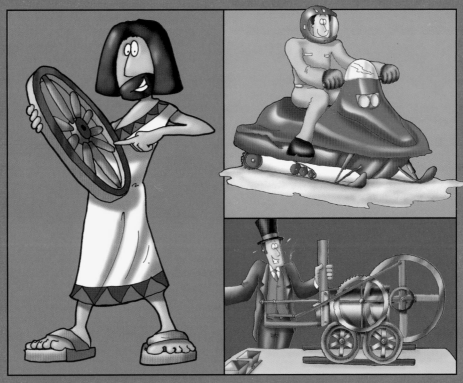

Steve Way y Gerry Bailey

Ilustraciones: Steve Boulter y Xact Studio

Gráficos: Karen Radford

everest

Transporte terrestre

Contenidos

¡Más fácil y más rápido!

Desde la prehistoria, hace muchos miles de años, los humanos han necesitado desplazarse de un lugar a otro. Y, con el paso del tiempo, también querían ir más rápido y llevar con ellos mayor cantidad de objetos. ¡Les debió de encantar la invención de la rueda! ¡Eso sí que era práctico!

Pero nuestros antepasados no hubieran imaginado nunca la cantidad y variedad de vehículos terrestres que se crearían en los siglos posteriores.

Como descubrirás en este libro,

los vehículos terrestres:

nos llevan por distintos tipos de terreno

y por todo el planeta,

llevan nuestras cargas,

nos ayudan a trabajar

¡y hasta a explorar la Luna!

Patinar y deslizarse

En ciertas partes del mundo, los niños creen que Papá Noel o Santa Claus recorre el cielo en un trineo tirado por renos para entregar regalos a los niños que han sido buenos. No hay trineos voladores, por desgracia, y, aunque sí los hay tirados por renos, lo más frecuente es que el tiro sea de perros o de caballos.

Trineos

En vez de ruedas, los trineos llevan esquíes o cuchillas que les permiten deslizarse. Aunque se trata de un invento antiguo, sigue siendo el vehículo más eficaz para la nieve. Muchos exploradores de los polos los utilizan para llevar sus cargamentos.

Los esquíes o las cuchillas se deslizan con facilidad sobre superficies como la nieve, el hielo o la hierba.

Esquíes

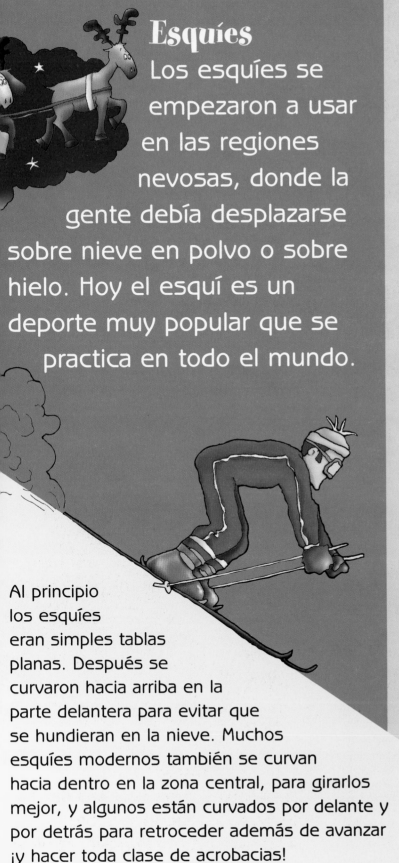

Los esquíes se empezaron a usar en las regiones nevosas, donde la gente debía desplazarse sobre nieve en polvo o sobre hielo. Hoy el esquí es un deporte muy popular que se practica en todo el mundo.

Al principio los esquíes eran simples tablas planas. Después se curvaron hacia arriba en la parte delantera para evitar que se hundieran en la nieve. Muchos esquíes modernos también se curvan hacia dentro en la zona central, para girarlos mejor, y algunos están curvados por delante y por detrás para retroceder además de avanzar ¡y hacer toda clase de acrobacias!

Motos de nieve

La motonieve es un vehículo moderno que permite desplazarse con más comodidad ¡y más diversión! Suele moverse por medio de dos bandas neumáticas y se guía mediante los esquíes situados en la parte delantera. Han sustituido a los viejos trineos entre los pastores de renos.

Si van a suficiente velocidad, ¡las motos de nieve pueden deslizarse hasta sobre el agua!

La rueda

La rueda es un disco que gira en vertical sobre el suelo y puede, por tanto, transportar cualquier carga que se le ponga encima.

Las ruedas sirven para mover cargas pesadas. Muchos consideran que es el invento más importante de la historia, ya que facilita los desplazamientos y los transportes.

Ruedas que ayudan a mover cargas

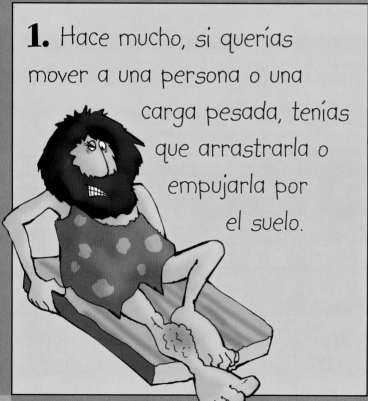

1. Hace mucho, si querías mover a una persona o una carga pesada, tenías que arrastrarla o empujarla por el suelo.

2. ¡Era cuestión de músculo!

Rozamiento

Cuando dos objetos en movimiento entran en contacto, se rozan entre sí. Esta fricción, que llamamos rozamiento, provoca que los objetos vayan más despacio. Podemos ver los efectos del rozamiento por todas partes. Si te caes y te rasguñas el codo, se debe al roce entre este y el suelo.

Estos niños utilizan el rozamiento para lijar superficies.

3. Es probable que la idea de la rueda surgiera del uso de troncos para mover cargas. Los troncos eran lentos porque, para avanzar, había que ir poniendo los de atrás en la parte delantera.

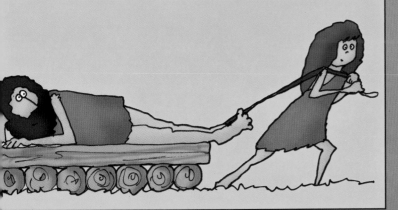

4. Pero lo peor era el rozamiento. Por mucho que tiraras y empujaras, la fuerza que llamamos rozamiento frenaba el avance.

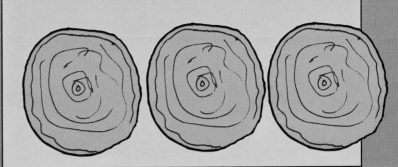

Evolución de la rueda

El inventor de la rueda es desconocido. Muchos arqueólogos creen que ya se usaba hace 8 000 años, ¡mucho antes de la época de los antiguos griegos y romanos! La más primitiva que se conoce se descubrió en Sumeria, Asia.

¡Este trabajo es muy pesado!

Cuchillas y troncos

1. Hace mucho, los objetos pesados se movían colocándolos sobre troncos, pero había que ir poniendo los troncos de atrás en la parte delantera.

2. Luego se agregaron cuchillas bajo la carga, consiguiendo una especie de trineo que facilitaba el arrastre; se combinaron los troncos con el trineo.

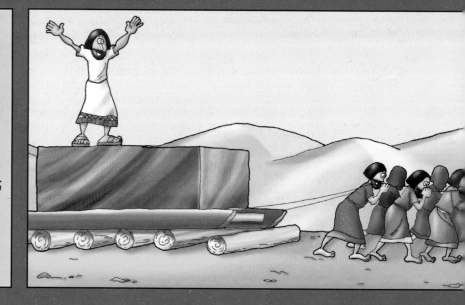

Caballos de vapor

La potencia de un vehículo se mide en caballos. Un caballo de vapor equivale al esfuerzo necesario para levantar 75 kilogramos a 1 metro de altura en 1 segundo.

3. Con el tiempo las cuchillas excavaron gargantas en los extremos de los troncos y se talló la madera comprendida entre ellas. Con esto se logró un eje unido a dos ruedas.

4. Después se hizo un agujero en el centro de la rueda y esta pudo girar alrededor del eje. Al girar, transportaba sobre ella un carro o una veloz cuadriga.

La cuadriga

La cuadriga es un carro rápido. Los carros son vehículos para transportar cargas, con dos o cuatro ruedas y tiro de reses o caballos. Pero la cuadriga solo tenía dos ruedas de rayos. Era ligera y fácil de guiar, y se usaba sobre todo en carreras y combates.

Ruedas de rayos

La rueda fue mejorada por los egipcios, que las hicieron con rayos para sus cuadrigas. Los finos rayos las aligeraban mucho.

Ruedas con rayos

1. Los primeros carros fueron pesados vehículos de madera. Servían a los granjeros para transportar heno, verduras y otras cargas, pero no eran adecuados para las batallas. Los ejércitos necesitaban algo más rápido.

2. Querían algo ligero que se desplazara velozmente y tomara las curvas con facilidad.

3. ¡Había que cambiar los viejos carros! Lo primero que se alteró fueron las ruedas. Las de los carros eran sólidas y pesadas, había que aligerarlas.

4. Así que se cortaron secciones de la rueda maciza.

5. Pero no bastaba. Si las ruedas no fueran sólidas en absoluto sino que estuvieran formadas por ligeros rayos unidos a un cubo central, serían livianas además de firmes y rápidas.

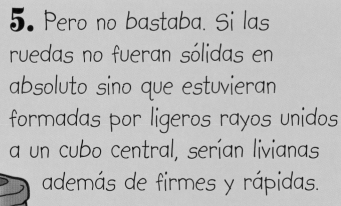

Coches de caballos

Aunque los vehículos modernos para el "transporte de pasajeros" sean bastante recientes, la gente lleva miles de años utilizándolos.

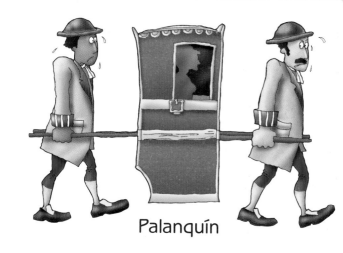
Palanquín

En tiempos de los romanos, cuando había muchas calzadas bien hechas, se desarrollaron varios tipos de vehículos tirados por animales. Después llegaron los carruajes y los carromatos.

A principios del siglo XVII apareció en Francia el primer vehículo para el transporte de pasajeros: el palanquín. El pasajero iba en el asiento interior y era transportado por dos personas.
La calesa oriental es un tipo de calesa tirada por un hombre.

Calesa oriental

Por último se diseñaron carruajes para el transporte urbano y diligencias para viajar por el país.

Diligencia

Ómnibus tirado por caballos

Al principio del s. XIX un ómnibus tirado por caballos trasladaba viajeros por la ciudad de París.
Pronto fue sustituido por autobuses con motores de vapor.

Después aparecieron los "taxis" de caballos para moverse por la ciudad, como los Hansom ingleses. Estos coches tenían dos grandes ruedas y podían llevar dos pasajeros.

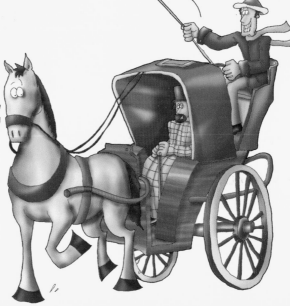

Coche Hansom

Neumáticos

Desde que se inventaron los coches, las llantas de las ruedas se cubrieron con bandas de caucho o un material similar. Esta pieza, llamada neumático, sirve para viajar de forma más cómoda y más segura.

La banda de rodamiento lleva un dibujo en relieve para que el neumático se agarre a la carretera.

Buen viaje

1. Los primeros coches se conducían mal, porque los neumáticos eran sólidos y dificultaban el control del vehículo.

2. Después se inventaron los neumáticos de caucho con cámaras de aire, pero la presión interna de este debía ser alto por lo que se pinchaban con facilidad.

3. Neumáticos con bandas de rodamiento grabadas dotaban al coche de mayor agarre a la carretera.

Neumáticos de metal

El vehículo lunar que exploró nuestro satélite debía llevar neumáticos muy especiales. Como en la Luna no hay aire para llenarlos, los de este vehículo eran de un metal muy ligero: ¡cuerdas de piano!

4. Se añadieron al coche ruedas de repuesto para que el conductor pudiera cambiar la que sufriera un pinchazo.

5. Hasta la Segunda Guerra Mundial no se fabricaron neumáticos fuertes y anchos sin cámaras internas. Estos neumáticos formaban un cierre hermético con las llantas.

6. Los coches modernos llevan neumáticos radiales, constituidos por capas de fuertes cables que discurren en diagonal por el interior del neumático. Son más rápidos, más seguros y se agarran mejor.

Cabalgar sobre ruedas

1. No hace mucho casi toda la gente tenía que viajar a pie. ¡Por eso no se alejaban demasiado de casa!

2. Por supuesto, los más adinerados podían ir a caballo o tomar una diligencia, pero para la mayoría el único medio de transporte barato era andar.

3. Debía de existir un modo de ir sobre ruedas. La gente tenía fuerza suficiente para hacerlas girar, pero ¿serviría eso para avanzar con rapidez?

4. Por fin, se inventó la bicicleta. Se unieron dos ruedas mediante un eje y se fijaron a un bastidor. Los pedales se unieron al eje mediante una cadena, de modo que al pedalear, las ruedas giraban. Al mismo tiempo, el ciclista se colocaba sobre las ruedas y conducía mediante el manillar, que en Hispanoamérica recibe también el nombre de manubrio.

La bicicleta

La bicicleta es un vehículo de dos ruedas alimentado por el ciclista.

Una rueda se fija detrás de la otra y ambas se sujetan a un bastidor.

Las primeras bicicletas

La primera bicicleta se llamó velocípedo y se conocía como "quebrantahuesos" a causa de sus vibraciones, porque carecía de muelles. La rueda delantera era muy grande y la trasera, muy pequeña.

Por fin se fabricó una "bicicleta segura" con dos ruedas iguales y mucho más fácil de conducir. Es la que utilizamos hoy.

La locomotora de vapor

La locomotora de vapor es un vehículo alimentado por un motor de vapor. Sirve para tirar de vagones por vías férreas.

¡Tiene que haber algo mejor!

El carbón que arde en el horno calienta el agua de la caldera, donde se produce vapor, que empuja un pistón que acciona las ruedas.

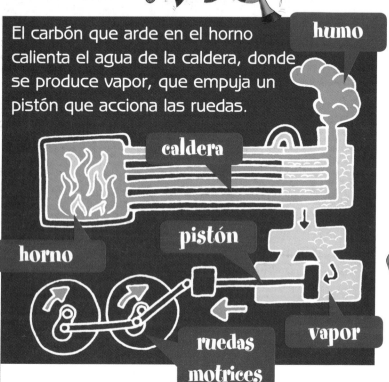

humo

caldera

horno

pistón

ruedas motrices

vapor

Vapor que gira ruedas

1. Hasta el siglo XIX muchos dueños de fábricas transportaban sus productos en carros tirados por caballos.

2. Entonces un inventor llamado Richard Trevithick tuvo la brillante idea de construir una máquina para arrastrar cargas.

3. Trevithick inventó una locomotora que se movía gracias al vapor, ya que este empujaba un pistón conectado a las ruedas motrices.

> Quemaré carbón para calentar agua y obtener vapor.

4. Al moverse el pistón hacia delante y hacia atrás en el cilindro, las ruedas giraban.

Ferrocarriles

Las locomotoras de vapor corrían sobre raíles o rieles de hierro, y el viaje era suave y rápido. No mucho después, potentes locomotoras de este tipo cruzaban los países más importantes del mundo, transportando pasajeros y mercancías y comunicando las ciudades.

Vieja locomotora de vapor del "salvaje oeste". El ferrocarril ayudó a colonizar el oeste de Estados Unidos.

El automóvil

El automóvil, o coche, es un vehículo que suele alimentarse mediante un motor de explosión.

Hola. Soy Karl Benz, el inventor del automóvil.

Motor de explosión

En este tipo de motor, un pistón móvil comprime una mezcla de aire y combustible que se hace explotar. Esta explosión repentina empuja el pistón hacia abajo, y este gira un cigüeñal. Esto, que ocurre una y otra vez a toda velocidad, mueve el coche.

mezcla de aire y combustible

pistón

cigüeñal

1. A un inventor alemán llamado Karl Benz le interesaba hacer del automóvil un nuevo medio de transporte, así que se puso manos a la obra. Construyó un motor de explosión que podía añadirse al carruaje tradicional. Encajó el motor detrás y lo conectó a las ruedas traseras.

El coche de Benz

Benz construyó su coche de tres ruedas en 1885 y vendió el primero dos años después. Completó la producción de un modelo de cuatro ruedas en 1893, y su compañía Mercedes-Benz era la mayor manufactura mundial hacia 1900.

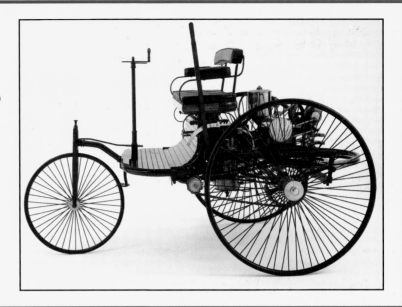

2. El motor tenía pistones situados dentro de cilindros. Cuando la gasolina y el aire recibían la chispa de una bujía, los pistones bajaban y movían el cigüeñal conectado a las ruedas traseras por una cadena.

3. La rueda delantera, fijada a un manillar o manubrio servía para conducir el vehículo.

Coches

El diseño de coches ha cambiado mucho desde el modelo de tres ruedas de Karl Benz. Los fabricantes primitivos como Benz y Gottlieb Daimler basaban sus diseños en vehículos con los que estaban familiarizados: los coches de caballos. Por eso a veces se llamaba a sus coches ¡carruajes sin caballos!

Estos primeros diseños también se llamaron de tres cajas: una para el motor, otra para los pasajeros y una tercera para el equipaje. Por desgracia, la "caja" no tenía la forma adecuada para facilitar el avance; no era aerodinámica.

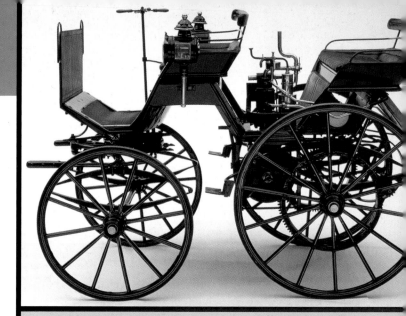

Primer coche Daimler basado en un coche de caballos

Coches cerrados

Los primeros coches eran abiertos e incómodos, así que los fabricantes empezaron a fabricarlos con el motor en la parte delantera y un habitáculo cerrado detrás para resguardar a los pasajeros.

Austin Seven de 1934

Fabricación en serie

Henry Ford desarrolló el sistema para hacer cientos de coches a la vez, situando cintas transportadoras en una enorme fábrica. Las partes tenían un tamaño estándar y los coches eran iguales, pero mucho más baratos. Cada vez más gente pudo comprarlos.

Ford Modelo T

Ferrari 348

Aerodinámicos

Los diseñadores sabían que, para ir más rápido, los coches debían ser más aerodinámicos. Suavizaron las esquinas e hicieron formas más redondeadas y de aspecto más deportivo.

Híbridos

Cuanto menos aerodinámico es un coche, más combustible gasta, y cuanto más combustible gasta, más contamina. Los coches híbridos se alimentan con una mezcla de gasolina y electricidad, pero su forma está pensada para atravesar fácilmente el aire y reducir al mínimo el gasto de combustible.

Toyota Prius

25

Vehículos de trabajo

Para arar los campos, recoger las cosechas y mover máquinas agrícolas se necesitan vehículos fuertes y resistentes que no se atasquen en el terreno irregular y embarrado.

El arado

Con los arados de tiro animal se han abierto surcos en la tierra durante miles de años.

Tractor de vapor

El primer tractor de este tipo apareció en 1770. La caldera y el motor iban montados sobre la rueda delantera, y el vehículo se guiaba con una palanca. Podía arrastrar nada menos que ocho toneladas, ¡pero a un paso de tortuga de 12 kilómetros por hora!

Ruedas militares

En la década de 1900 la compañía estadounidense Holt desarrolló un tipo de rueda llamada oruga, para que sus pesados tractores no se hundieran en terreno blando. Posteriormente, esas mismas ruedas se aplicaron a los carros de combate.

Tractores

Los tractores deben ser capaces de moverse con facilidad sobre suelos blandos sin hundirse ni patinar; para ello se deja menos distancia entre las ruedas delanteras y las traseras que en un coche normal, y se agranda el tamaño de las traseras.

Vehículos exploradores

Los vehículos terrestres trabajan hasta en el espacio. El todoterreno espacial permite a los astronautas explorar mejor y con más seguridad la superficie de la Luna que si tuvieran que andar.

Los exploradores de alimentación solar, *Spirit* y *Opportunity*, han viajado por Marte más lejos de lo que se esperaba, y nos han ayudado a conocer mejor el planeta vecino. Probablemente se envíen más vehículos a Marte en el futuro.

Explorador lunar
Tres exploradores han pisado la Luna en tres misiones distintas. Cada uno hizo tres viajes.

Explorador de Marte

Spirit, el explorador de la NASA más longevo, lleva analizando la superficie de Marte desde 2004 y ha enviado a la Tierra gran cantidad de imágenes.

Marte es muy accidentado.

Prueba de transporte terrestre

1. ¿Cómo se llama la fuerza de roce que lentifica el movimiento?

2. ¿Dónde se descubrió la rueda más antigua que se conoce?

3. ¿Cómo llamó James Watt al esfuerzo equivalente a levantar 75 kg a 1 m de altura en 1 s?

4. ¿Qué le faltaba al velocípedo para que lo llamaran quebrantahuesos?

5. ¿Quién inventó la locomotora de vapor?

6. ¿Quiénes tuvieron la idea de poner rayos en la rueda para aligerarla?

_____

7. ¿En qué país se inventó el palanquín?

_____

8. ¿Con qué se hicieron las ruedas metálicas del explorador lunar?

_____

9. ¿Quién construyó el primer coche?

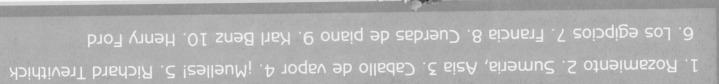

_____

10. ¿Quién ideó la fabricación en serie de automóviles?

1. Rozamiento 2. Sumeria, Asia 3. Caballo de vapor 4. ¡Muelles! 5. Richard Trevithick 6. Los egipcios 7. Francia 8. Cuerdas de piano 9. Karl Benz 10. Henry Ford

Índice

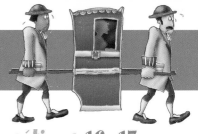